Silvia Maria ENGL

Mit aller

Entscheidungen treffen

Wie du bewusst und vertrauensvoll dein Leben verändern kannst

Schirner
Verlag

ISBN 978-3-8434-5135-2

Silvia Maria Engl:
Mit aller Macht
Entscheidungen treffen
Wie du bewusst und vertrauensvoll
dein Leben verändern kannst
© 2016 Schirner Verlag, Darmstadt

Umschlag: Anke Brunn, Schirner,
unter Verwendung eines Bildes von
© Fotostudio Engels,
www.fotostudio-engels.de
Layout & Lektorat: Karin Garthaus, Schirner
Printed by: Ren Medien GmbH,
Germany

www.schirner.com

1. Auflage März 2016

INHALT

Es kommt für jeden der Augenblick der Wahl und der Entscheidung: Ob er sein eigenes Leben führen will, ein höchst persönliches Leben in tiefster Fülle, oder ob er sich zu jenem falschen, seichten, erniedrigenden Dasein entschließen soll, das die Heuchelei der Welt von ihm begehrt.

Oscar Wilde (1854–1900)

VORWORT

Wie eine einzige Entscheidung mein gesamtes Leben veränderte

Während ich für dich diese Zeilen schreibe, sitze ich auf einer Terrasse mit paradiesischem Blick auf das Mittelmeer. Mein Apartment ist der pure Luxus, und ich schwitze im Bikini, im November. Mit einem Lächeln denke ich daran, wie du dieses Buch gerade in den Händen hältst und überlegst, ob du es kaufen sollst. Oder warum du es mitgenommen oder geschenkt bekommen hast.

In jedem Fall haben einige Menschen sehr viele Entscheidungen hierfür getroffen. Ich zum Beispiel habe mich dafür entschieden, das hier zu organisieren, Geld dafür auszugeben, mich zum Schreiben in ein Umfeld zu begeben, das Luxus, Freude und Fülle ausstrahlt, damit du all das über das Lesen dieses Buch fühlen kannst. Und es wirkt, denn ich lächle eben in diesem Moment und strahle, während meine Liebe in diese Schöpfung fließt. Denn das ist eine der Kernbotschaften des Buches: **Du kannst und darfst alles haben.** Was es dazu braucht, ist eine ganze Reihe von Entscheidungen, die aufgrund unserer vergangenen und/oder aktuellen Situation nicht immer so leicht zu treffen sind bzw. zu sein scheinen.

Doch nicht allein meine Entscheidungen tragen dazu bei, dass alles hier und jetzt ist, wie es ist. Irgendwann hat jemand beschlossen, diese Apartmentanlage zu bauen, in der ich jetzt schreiben und genießen kann. Viele Arbeiter haben sich dafür entschieden, für die Baufirma zu arbeiten, die sie errichtet hat. Und die Baufirma hatte sich dafür entschieden, diese Arbeiter einzustellen. Banken haben Kredite bewilligt. Andere haben die Materialien, die Möbel, die Küchengeräte hergestellt. Jemand hat die Fluggesellschaft ins Leben gerufen, die mich hierher geflogen hat. Auch dass es Mietwagen gibt, basiert auf Entscheidungen. Dann haben sich meine Verleger irgendwann dazu entschieden, genau diesen Beruf zu ergreifen. Und sie haben entschieden, dieses Buch hier herauszugeben. Die Grafikerin, Heidi Schirner und ich haben uns für das Cover entschieden. Und für tausend kleine und große Dinge mehr.

Du siehst, das Leben, das du jetzt gerade lebst, basiert auf einer riesigen Menge von Entscheidungen, sowohl von dir als auch von anderen. Lass das ruhig einmal auf dich wirken. Doch egal, was andere in deinem direkten oder indirekten Umfeld auch entschieden haben: Es war stets deine Entscheidung, dort zu bleiben oder ein anderes Umfeld zu wählen. Je bewusster du das tust (und das tun nach wie vor nicht viele Menschen in unserer Gesellschaft), umso mehr erkennst du, welche Macht Entscheidungen haben.

Ich erlebe es selbst immer und immer wieder. Und von allen Entscheidungen, die mich heute hierher geführt haben, die dafür gesorgt haben, dass eben Schweißperlen meinen Hals hinablaufen und ich über das ganze Gesicht strahle, ist eine die wichtigste. Die entscheidende. Ich traf sie im Sommer 2008, nachdem ich erkannt hatte, dass ich die meiste Zeit gar nicht »selbst« entscheide. Damals konnte ich das noch nicht in Worte fassen wie heute, es war ein Gefühl. Und dieses Gefühl, diese tiefe Erkenntnis im Sommer 2008, gefiel mir gar nicht. Ich, die ich doch Freiheit über alles liebte, musste feststellen, dass ich an meinen »Fäden« aus Prägungen, Mustern, Versprechen und Ängsten hing wie eine Marionette. Deshalb traf ich eine Entscheidung, die die wichtigste meines Lebens werden sollte und auf der alle weiteren Ereignisse meines Lebens basieren, bis heute und darüber hinaus.

Voller Entsetzen darüber, zu erkennen, dass ich gar nicht frei entscheiden konnte, weil ich es anderen recht machen wollte und voller Ängste und Schuldgefühle war, tief verborgen, stand ich im Freien und sprach gen Himmel:

»Irgendetwas stimmt hier nicht. Es gibt in mir so etwas wie ein wahres Ich. Und dann gibt es ein anerzogenes. Das will ich nicht mehr. **Alles, was an mir nur Erziehung ist und nicht meinem wahren Wesen entspricht, fliegt raus!**«

Hätte ich damals schon um die Macht von ernsthaft getroffenen Entscheidungen gewusst, hätte ich mich vielleicht nicht getraut, das so wild entschlossen auszusprechen. Heute weiß ich, dass das mein Weg ist. Der Weg der Befreiung, der unweigerlich damit verbunden ist, glücklich zu werden, zu sein und zu bleiben. Alles andere kommt für mich nicht mehr infrage. Natürlich gibt es auf diesem Weg auch immer wieder Herausforderungen, mitunter auch ziemlich große. Aber ich weiß, dass dies mein Weg ist. Dass diese Entscheidung zu einer absoluten Kehrtwende in meinem Leben geführt haben. Und dass ich nichts lieber sein möchte als ich selbst. Denn seither wurde und wird alles immer leichter, immer schöner, immer lebendiger.

Das wünsche ich dir auch. Mögest du den Mut haben, für dich zu erkennen, welche Entscheidungen dir dienen! Und mögest du den Mut haben, sie zu treffen, auch wenn du nicht weißt, wie das gehen soll. Das ist nicht so wichtig. Das und vieles mehr wird dir dieses Büchlein verraten. Möge es dir eine wertvolle Stütze hin zu dir selbst sein.

Benissa, Spanien, im November 2015

Alles (ist) Liebe

Deine Silvia Maria Engl

BEWUSST ENTSCHEIDEN, BEWUSST LEBEN

Warum wir manchmal nicht entscheiden wollen

Der Wecker klingelt. Es ist 6.30 Uhr. Du stehst auf, um dich für die Arbeit fertigzumachen. Müde schlurfst du ins Bad, duschst dich und gehst dann in die Küche, um Frühstück zu machen.

Und du hast keine Wahl. Denn es ist Mittwochmorgen, und du musst zur Arbeit, Müdigkeit und Unlust hin oder her.

Stop!

Bereits am Vorabend hast du beim Stellen des Weckers eine Entscheidung getroffen. Du hast dich für ein Wecken durch künstlichen Alarm anstelle eines natürlichen Aufwachens entschieden. Am Morgen hast du das noch einmal bekräftigt, indem du aufgestanden bist, weil das Wecksignal da war. Dann hast du dich dazu entschieden, nach dem geistigen Aufwachen auch körperlich aufzustehen und ins Bad zu gehen. Du hast dich dafür entschieden, zu duschen und auch dafür, in die Küche zu gehen. Du hast dich gleichzeitig gegen Ausschlafen und ein entspanntes Aufwachen entschieden.

Puh, ganz schön viele Entscheidungen in so einem kurzen Zeitraum, nicht wahr? Und das, obwohl du noch nicht einmal richtig wach bist. Nun wirst du protestieren und sagen: »Aber das ist keine Entscheidung! Ich habe keine Wahl! Ich muss das tun, weil ich arbeiten und Geld verdienen muss.« Natürlich sagen das alle Menschen, die glauben, dass ihr Leben so ist und so sein muss, weil es keine Wahl gibt oder sie einfach keine sehen. Keine Sorge, jetzt kommt nicht der Tipp: »Dann lass es einfach!« Dir ist nur geholfen, wenn du verstehst, wie. Und wenn du weißt, ob du überhaupt anders leben möchtest.

Dieses Beispiel soll dir helfen, das Folgende zu verstehen. Es ist so grundlegend, dass ich es im Buch noch öfter wiederholen werde:

Immer, wenn du glaubst, keine Wahl zu haben, lebst du nicht, sondern du funktionierst.

Du hast irgendwann, vermutlich schon sehr früh, resigniert. Bereits als Kind musstest du in die Schule gehen, auch wenn du morgens müde warst. Du hast protestiert, gemotzt, wolltest nicht, hast dir die Decke über den Kopf gezogen. Doch dann haben die üblichen Sätze dich eingeholt: »Du musst aber in die Schule!«, »Wenn aus dir was werden soll, musst du aufstehen und hingehen«, »Wenn du keinen vernünftigen Schulabschluss hast, kannst du auch kein Geld verdienen und bist ein Niemand« usw. Zu Beginn waren es nicht deine Sätze. Aber mit der Zeit sind sie zu deinen geworden, denn du hast sie in deinem Unterbewusstsein aufgenommen und begonnen, ihnen selbst zu glauben. Natürlich haben deine Eltern es gut mit dir gemeint. Aber was du jetzt übersiehst, ist, dass du keine sieben mehr bist. Und auch keine 15. Du bist erwachsen und kannst und darfst neue Entscheidungen treffen.

Warum aber wollen wir genau das dann oft nicht tun?

Ganz einfach: Weil jede Entscheidung Konsequenzen mit sich bringt. Beim Beispiel mit dem Aufstehen und dem Beruf lauten die Einwände meist wie folgt:

- › »Wenn ich komme und gehe, wie ich will, werde ich entlassen.«
- › »Woher soll dann das Geld kommen?«
- › »Ohne Beruf kann ich meine Familie nicht ernähren.«
- › »Wie soll ich in meinem Alter noch mal einen anderen Job finden?«
- › »Ich kann nun mal nichts anderes.«

Und so weiter und so fort. Würdest du dich morgen früh anders entscheiden, hätte das Konsequenzen. Und vor denen hast du Angst. Denn anstatt dir auszumalen, welche positiven Folgen dein neuer Lebensstil für dich, deine Lebensfreude und deine Gesundheit haben könnte, fixierst du dich, wie gewohnt, auf die möglichen negativen Folgen. Deine Existenzängste werden gekitzelt und wie ein schlafender Löwe geweckt, der nun fürchterlich brüllt. Dabei sind diese Ängste nicht weg, wenn du Arbeit hast und Geld verdienst. Nicht einmal dann, wenn du auf Lebenszeit verbeamtet bist. Sie schlafen einfach nur. Heil sein ist etwas anderes. Heil sein bedeutet, dem Leben vorbehaltlos zu vertrauen. Dies zu erreichen, das ist ein Weg, den man gehen kann, wenn man möchte.

Bist du dazu bereit? Nein, dazu musst du nicht sofort radikal dein Leben aufgeben. Nein, dazu musst du jetzt nicht gleich kündigen und alles hinwerfen. Kannst du, musst du aber nicht. Aber du kannst eine erste Entscheidung treffen. Bist du bereit dazu?

»Auch wenn ich heute nicht weiß, wie das gehen soll: Ich entscheide mich dafür, meinen Weg zu gehen, zu leben, dem Leben zu vertrauen und das Beste geschenkt zu bekommen, jeden Tag!«

Angst vor Konsequenzen beinhaltet Machtlosigkeit, ohnmächtig zu sein, weil der Verstand sich einfach keine Lösung ausmalen kann, wie das alles funktionieren soll. Darum triffst du gar nicht erst eine Entscheidung.

Doch das kann der Vergangenheit angehören, indem du deinen »ratlosen« Entscheidungen diesen Satz voranstellst: **»Auch, wenn ich nicht weiß, wie.«** Je intensiver du dich entscheidest, je mehr Kraft du in die Absicht legst, umso schneller und klarer wirst du die Auswirkungen spüren. Entscheide dich – mit aller Macht! Du tust es ohnehin (siehe nächstes Kapitel, S. 18 ff.). Also entscheide dich bewusst, machtvoll und schöpferisch!

Keine Sorge: Wenn du das Wie dem Leben überlässt, kommen ohnehin nur die besten Lösungen zu dir. Du kannst bei sorgenvollen Gedanken ja auch noch jederzeit hinzufügen: **»Und es soll und darf leicht gehen.«**

Den Weg zu mehr Geduld kann dir allerdings niemand abnehmen, so viel sei verraten.

Die Illusion, keine Entscheidung zu treffen, und ihre Konsequenzen

Wissenschaftlichen Untersuchungen zufolge treffen wir täglich zwischen 20 000 und 40 000 Entscheidungen. Laut dem Nobelpreisträger Daniel Kahneman ist das viel zu niedrig gegriffen. Er legt aufgrund seiner Forschungsergebnisse noch ordentlich drauf: Bis zu 40 Millionen Entscheidungen würden wir fällen, jeden Tag – und gerade einmal elf (!) davon bewusst. Ist dir klar, welches Risiko damit verbunden ist, all deine Entscheidungen deinem Unterbewusstsein zu überlassen? Diesem »Ort«, wo so viele negative Glaubenssätze und destruktive Muster schlummern? Gleichzeitig kannst du dir mit diesen Zahlen auch einmal dein Potenzial vergegenwärtigen. Und vor allen Dingen soll dir dies verdeutlichen:

Du entscheidest dich ohnehin die ganze Zeit. Es ist eine Illusion, dass du im Zweifelsfall keine Entscheidung treffen würdest. Denn keine Entscheidung ist auch eine Entscheidung!

Lass dir diese Erkenntnis mal auf der Zunge zergehen. Du bist hin- und hergerissen. Du weißt nicht, ob du das Sofa kaufen sollst, es ist so teuer. Aber auch so schön. Wenn du

im Möbelhaus darauf sitzt, fühlst du dich einfach königlich. Du überlegst, schläfst noch einmal eine Nacht darüber. Und noch eine. Und noch eine. Dann denkst du: »Ach, ich habe ja ein Sofa. Das muss ich nicht jetzt entscheiden.« Und du glaubst deinen Gedanken, die dir das Hirngespinst unterjubeln, du würdest deshalb jetzt keine Entscheidung treffen. Das tust du sehr wohl! Du entscheidest dich sogar für sehr viele Dinge in diesem Moment, zum Beispiel für Folgendes:

› das Sofa (jetzt) nicht zu kaufen
› zu glauben, dass du das Geld nicht hast, um dir ein neues Sofa zu kaufen (obwohl du es hast) und damit für die Bekräftigung eines alten Mangelthemas
› zu glauben, dass, wenn man schon ein Sofa hat, es Verschwendung ist, sich ein anderes zu kaufen. (Und dafür sollte man sich zumindest ein klein wenig schuldig fühlen, andere haben ja gar nichts, nicht einmal eine Wohnung!)

Das sind alles Entscheidungen, die du triffst. Nur eben unbewusst. Nicht sonderlich dienlich, wenn es darum geht, machtvoll und liebevoll das eigene Leben zu gestalten, oder? Der erste Schritt ist daher, dir dessen bewusst zu werden. Die eigenen Gedanken zu beobachten. Und ich kann dir sagen: Für mich ist das eines der spannendsten Dinge, die es gibt! Ich tue das nun seit vielen Jahren, und immer wieder überrascht es mich, was da alles so durchwabert an Gedanken, denen ich mitunter sogar noch Glauben schenke! Doch auch hier zeigt sich, wie mächtig die Entscheidung ist, die ich bewusst getroffen habe: nämlich die, meinen destruktiven, also (glücks)zerstörenden Gedanken auf die Schliche zu kommen. Darin werde ich immer besser, immer schneller, immer klarer. Man kann dies trainieren, so wie man seine Körpermuskeln trainieren kann. Diese Entscheidung hat mir schon unzählige lichtvolle Momente beschert. Denn Mal um Mal bekomme ich besser mit, was ich denke, und ob ich das wirklich denken (= glauben) will.

Dein Denken erschafft deine Realität. Dieser Gedanke ist nicht neu, sicher auch dir nicht.

Doch lebst du schon entsprechend? Bist du es, der deine Gedanken kontrolliert, oder kontrollieren sie dich noch?

Sorge dafür, mehr und mehr zu verstehen, welche unbewussten Entscheidungen du triffst und weshalb! Dieses Bewusstsein ist sehr wichtig, um neue, weitere Entscheidungen zu

treffen. Und dass du das kannst bzw. es lernst, dafür braucht es: deine Entscheidung. Mit aller Macht! Denn ansonsten bist du weiterhin nichts anderes als eine Marionette deiner alten Gedankenmuster, die du irgendwann einmal übernommen hast. Mit deiner wahren Essenz, deinem Licht, deinem Sein, hat das alles nichts zu tun.

Weißt du, wer du bist und was du willst?

»Wer bin ich?« Diese Frage stellt sich der Mensch wohl seit Anbeginn seiner Fähigkeit, zu denken. Allerdings gibt es wenige, die dieser Frage bis hin zur wahren Antwort gefolgt sind. Ich bin nicht mein Körper. Ich bin nicht mein Wissen. Ich bin nicht mein Name. Ich bin nicht mein Beruf. Dies alles liest sich leicht, denkt sich leicht. Es zu erfahren, das steht auf einem ganz anderen Blatt, das uns eine lange Reise hin zu uns selbst abverlangt.

Doch müssen wir nicht schon am Ende dieser Reise angelangt sein, um uns wieder und wieder bewusst zu machen, wer wir sind, was wir wollen und tatsächlich auch können! Jeder Mensch, auch du, ist ein überaus machtvolles Wesen. Unsere Fähigkeit, zu denken und bewusste Entscheidungen zu treffen, unterscheidet uns von den anderen Lebewesen auf unserem Planeten. Manchmal mag das wie ein Fluch erscheinen. Denn wie viel leichter wäre doch das Leben, wenn man sich einfach wie ein Hund auf den Boden legen und geduldig bis zum nächsten Fressen abwarten könnte, das ganz sicher kommt, weil das Herrchen oder Frauchen einen ja liebt. Bis dahin wird man gestreichelt, und es ist die Tagesaufgabe, zu bellen, wenn der Nachbar klingelt. Kein mühseliges Geldverdienen, keine schweren Entscheidungen, die man treffen muss. Wie wunderbar!

Wirklich? Ist es das, was du wirklich, wirklich, wirklich willst? Möchtest du vor dich hindösen und einfach abwarten, was das Leben dir als Nächstes Gutes bringt?

Dann herzlichen Glückwunsch! Wenn das dein Herzenswunsch ist, dann bist du wohl am Ziel der Meisterschaft angekommen. Denn das tun Menschen, die voll im Vertrauen sind, dass nur das Beste geschieht. Sie akzeptieren das, was ist, und vertrauen darauf, dass das, was kommt, ohnehin das ist, was sein soll und ihnen und jedem anderen dient. Die Frage ist: Lebst du das schon? Lebst du das in voller Konsequenz?

Ich unterstelle dir ein Nein als Antwort. Denn sonst würdest du dieses Buch nicht in Händen halten. Vielleicht »weißt« du das alles schon, weil du so viele Bücher gelesen und so viele Seminare besucht hast. Was aber hast du davon, jetzt, hier? Bringt dich dieses Wissen weiter? Bist du schon bewusst und klar, deine Schöpfermacht nutzend, weil du es weißt?

Wissen ist nicht Weisheit. Weisheit entsteht, wenn man Wissen anwendet und danach lebt. Weisheit liegt Erfahrung zugrunde. Und Erfahrung entsteht nicht dadurch, dass man

Bücher liest oder Vorträgen lauscht. Erst dann, wenn du selbst in dir nach Antworten suchst, wenn du klare Entscheidungen triffst und dich darin übst, deine Ängste hinter dir zu lassen und volle Verantwortung für dein Leben zu übernehmen und anderen ihre Verantwortung zu lassen – erst dann wirst du anfangen, zu begreifen, wer du wirklich bist und was deine Essenz sich wünscht.

Denn Wünsche des Egos fühlen sich anders an als die der Seele. Deine wahren, wirklichen Wünsche öffnen dein Herz. Sie vermitteln dir eine Klarheit und Reinheit, die als Wegweiser für das dienen, was dir ohnehin vorherbestimmt ist. Das ist etwas völlig anderes als ein Wunsch des Egos. Wobei nicht alle Wünsche, die dem Ego entspringen, automatisch schlecht sein müssen. Auch das arme Ego verdient einen Platz in deinem Herzen statt nur Verdammung und Ablehnung.

Fest steht aber, und das schreibe ich aus meiner Erfahrung und den Erfahrungen vieler Menschen heraus, mit denen ich schon gearbeitet habe:

Je näher deine Wünsche an dem dran sind, was deiner Essenz entspricht, umso leichter werden sie für dich zu einer erfahrbaren Realität.

Triff Entscheidungen! Triff sie bewusst und mit aller Macht! Und nimm die Leichtigkeit, mit der sie wahr werden, als Gradmesser dafür, ob du auf dem »richtigen« Weg bist! Gleichzeitig braucht es dafür eine weitere Entscheidung. Nämlich die, zu lernen, voller Geduld und Hingabe an das Leben, und zu akzeptieren, wenn etwas, das du willst, nicht in dein Leben kommt bzw. sich erfüllt. Denn es kann der richtige Wunsch sein, jedoch zum nicht passenden Zeitpunkt, oder aber er entstammt einfach deinem Ego, und es erzählt dir, dass er total richtig ist, und dich superglücklich machen würde – was aber einfach nicht stimmt. Diese Pille ist nicht immer leicht zu schlucken. Doch auch beim Entscheiden und Akzeptieren gilt: Übung macht den Meister. Denn je mehr du lernst, bewusst und machtvoll zu entscheiden und anzunehmen, was dann (nicht) passiert, umso leichter wird es für dich. Denn das Leben wird dich auf deiner Reise hin zu dir selbst und deinen wahren Wünschen voll und ganz unterstützen!

Entscheide dich für das, was du wirklich begehrst: göttliche Gedanken und erfüllende Gefühle!

Entscheide dich für Frieden, im Innen wie im Außen. Entscheide dich für Selbstverwirklichung, bedingungslose Liebe, Sicherheit, Erfülltsein. Entscheide dich dafür, dich frei zu fühlen, geborgen und geliebt. Das und vieles mehr ist das, was dich wirklich ausmacht und was du dir in Wahrheit wirklich wünschst – auch wenn es sich an der Oberfläche als Wohnung, Partnerschaft oder berufliche Verwirklichung ausdrückt. Entscheide dich dafür, dich wie ein Gott, eine Göttin[1] zu fühlen. Dann kommst du der Sache um ein Vielfaches näher.

---

1 »Eine Göttin geht neue Wege – ihre eigenen Wege. Wer immer der Herde folgt, wird auch immer nur dort landen, wo die Herde landet (…) Du hast das Zepter in der Hand, Göttin!«, aus: Sonja Szielinski: »The Goddess Attitude – Die Haltung einer Göttin«, Schirner Verlag 2014, S. 330.

Bewusst und liebevoll dienliche Entscheidungen treffen

Oftmals triffst du keine (bewusste) Entscheidung, aus Angst heraus, etwas falsch zu machen. Du scheust dich davor, einen Fehler zu begehen, weil du irgendwann einmal gelernt hast, dass du idealerweise keine machen sollst. Oder dass du für Fehler büßen müsstest. Stattdessen könntest du eine neue Entscheidung treffen. Du könntest dich für eine neue Sichtweise entscheiden. Nämlich für die, dass Fehler einfach Erfahrungen sind, aus denen du lernen kannst und darfst.

Was dir dabei helfen kann, ist die Einsicht, dass es keine »richtigen« oder »falschen« Entscheidungen gibt. Vielmehr dient dir eine Entscheidung, oder sie dient dir nicht. Frage dich also bei der nächsten bewussten Entscheidung:

»Dient mir das, was ich mir wünsche, was ich gerne hätte? Dient es mir dabei, bewusster, glücklicher und freier, mehr ich selbst zu werden? Oder dient es dazu, mein Ego zu nähren, in meinen alten Mustern stecken zu bleiben und dass alles beim Alten bleibt (was mich offenkundig ja nicht länger erfüllt)?«

Du wirst Fehler machen.

Nehmen wir ein alltägliches Beispiel aus meiner Praxis. Eine Klientin kommt zu mir und jammert, weil sie schon so lange alleine ist. Sie möchte gerne, dass ich meine intuitiven Fähigkeiten dazu nutze, um ihr auf die Frage zu antworten, wann jetzt endlich mal der Seelenpartner komme. »Ist es das, was du dir wirklich wünschst?«, frage ich sie. – »Ja, so sehr!«, schluchzt sie unter Tränen. Offenkundig ist ihre Dramaqueen gerade extrem aktiv. Sie kann nicht annehmen, was gerade ist, also ihr Singlesein. Sie lehnt ihr Alleinsein ab (wobei sie ja nicht wirklich alleine ist, sondern einfach nur nicht in einer Partnerschaft lebt, aber das Ego schreit eben gerade etwas lauter als die Lebensrealität). »Was wäre, wenn jetzt ein Partner käme?«, hake ich nach. – »Oh, dann wäre ich total glücklich.« Der Gedanke lässt den Tränenstrom stoppen, und ein Lächeln huscht ihr über das Gesicht. – »Und dann?«, frage ich weiter. »Wie geht deine Geschichte weiter?« – »Na ja, …« Sie stockt. So richtig zu Ende gedacht hat sie ihr Märchen nicht. Dann aber malt sie es sich aus, ein bisschen zumindest. »Wir wären zusammen und miteinander total glücklich.« – »Bis an euer Lebensende schätze ich mal«, merke ich an. – »Ja, genau«, nickt sie. – »Hm. Die Wahrscheinlichkeit, dass ihr zeitgleich sterbt, ist nun eher gering. Also könnte es sein, dass er irgendwann stirbt, und dann wärst du wieder ohne ihn. Wärst du dann immer noch glücklich?« – »Oh Gott, nein, ich wäre schrecklich unglücklich, wenn er sterben würde!« Schon wird das glückselige Lächeln von einem entsetzten Ausdruck und unangenehmen Gefühlen abgelöst. Alles nur durch unterschiedliche Gedanken. »Oder aber er stirbt nicht, sondern verlässt dich, um sich anderswo zu verwirklichen, so nach zehn Jahren«, werfe ich in den Raum. – »Mein Seelenpartner würde das nicht machen«, kommt es mir nun trotzig entgegen. Aber auch ein wenig verunsichert.

Es ist sehr leicht, die Ängste dieser Frau aus unserem Beispiel zu provozieren. Was sich letztlich herausstellt, ist, dass der »Seelenpartner« schlichtweg eine Funktion erfüllen soll. Nämlich die, das Loch in ihrem Inneren zu füllen. Sich sicher zu fühlen. Was wir aber gerne bei solchen Instantlösungen übersehen, ist, dass sich diese Lösungen ebenso schnell wie Instantkaffee auflösen. Die Angst vergeht nicht, sie zieht sich nur ein anderes Kostüm an. Jetzt heißt das Elend nicht mehr: »Ich will nicht alleine sein und alleine sterben!«, sondern: »Ich habe Angst, dass er mich verlässt!« Daraus entstehen dann Unsicherheit, die Bereitschaft, sich anders zu geben, als man in Wahrheit ist (denn so, wie man ist, kann einen der Seelenpartner ja wohl nicht lieben), Eifersucht, besitzergreifendes Verhalten und so weiter und so fort. Das macht erst einmal scheinbar glücklicher, diese Art von Pflaster für den »Seelenschmerz« (der ein Egoschmerz ist) gefällt. Aber mit Heilung hat das alles nichts zu tun.

Wenn du dich aber dafür entschieden hast, heiler zu werden, mehr du selbst, glücklicher und befreiter zu sein, dann kann es eben sein, dass das Leben dich ordentlich zappeln lässt. Weil es darum geht, dir deine Ängste anzuschauen und sie zu heilen, statt sie nur zuzudeckeln. Natürlich kann die unterbewusste Wahrheit auch ganz anders aussehen. Womöglich hast du so einige negative Glaubenssätze, was Männer/Frauen, Beziehungen usw. angeht, und darum willst du gar keine Partnerschaft, auch wenn du gerade bei mir in der Praxis weinst und sagst, dass du eine willst. Das alles aber kannst du nur dann herausfinden, wenn du dich dafür entscheidest, dich selbst kennenzulernen, dir deine Ängste (die nichts mit der Realität zu tun haben) bewusst zu machen und sie loszulassen bzw. anzunehmen. Wenn du dich dafür entscheidest, wahrhaft und dauerhaft glücklich zu werden, und Lebensfreude anstelle von Instantlösungen und Seelenpflastern wählst.

Du kannst dich, das ist dein gutes Recht, dafür entscheiden, auf diesen ganzen Entwicklungsmist zu pfeifen und einfach ein nettes, bequemes Leben zu führen. So wie all die anderen auch (scheinbar). Du kannst dich dafür entscheiden, weiterhin so zu tun, als wäre alles in Ordnung, während du wütend wirst, wenn dir jemand etwas von »Wahlfreiheit« erzählt, weil du in deiner katastrophalen Situation nun einmal keine Wahlfreiheit hast. Weil du ohnmächtig bist, hilflos und ein Opfer deiner Umstände. Das darfst du, und wir anderen Menschen haben das zu respektieren.

Doch frage dich, hier, jetzt, aufrichtig: Ist es wirklich das, was du willst? Oder möchtest du bewusste, dir dienliche Entscheidungen treffen? Entscheidungen, die vielleicht zu einem holprigen Weg führen, aber Glück, Freiheit, Wohlstand und Erfüllung bringen? Und zwar dauerhaft?

Es ist deine Wahl. Es ist dein Weg. Aber egal, wofür du dich (nicht) entscheidest, vergiss nicht:

Immer, wenn du glaubst, keine Wahl zu haben, lebst du nicht, sondern du funktionierst.

Und frage dich:

»Dient es mir, so weiterzumachen wie bisher?«

ZWEIFEL
ÜBERWINDEN LERNEN

Der Zweifler – Freund und Bremse

In meinem Buch »Meine 26 Egos und ich«[2] ist Ego Nummer 26 der Zweifler. Aufgrund zahlreicher Umfragen bei Vorträgen mit Hunderten von Menschen kann ich dir versichern: Jeder, absolut jeder Mensch kennt dieses Ego. Es ist das, was sich uns bewusst am deutlichsten und häufigsten zeigt. Ebenso sehr leiden wir zum Beispiel unter dem Rechthaber (meist, ohne unser Leid überhaupt mitzubekommen). Doch den als Teil der eigenen Persönlichkeit zu erkennen, fällt oftmals viel schwerer, zumal wir ohne ihn ein ganzes Weltbild fallen lassen müssten. Doch Zweifel, ja, die sind normal, so ist das Leben.

Ist das so? Ist das wirklich eine absolut notwendige Komponente deines Menschseins, immer und immer wieder zu zweifeln? An deinen Entscheidungen und dadurch automa-

2 Silvia Maria Engl: »Meine 26 Egos und ich. Ein Wegweiser zu mehr Lebensfreude und Selbstverwirklichung«, Schirner Verlag 2014.

tisch an dir selbst? Nur weil es »normal« ist, also, weil die Menschen, die du kennst, es alle tun, mehr oder weniger, macht dich das noch lange nicht glücklich. Darum stellt Robert Betz mit dem Titel seines Buches[3] genau die richtige (= dienliche) Frage: »Willst du normal sein oder glücklich?«

Natürlich hat der Zweifler, wie alle Egos von uns, auch seine Berechtigung. Sonst wäre er ja nicht da. Es ist eine gute Sache, über manche Dinge erst noch einmal zu schlafen. Wobei diese Empfehlung bzw. diese Idee ihren Ursprung darin hat, dass das Gehirn im Dämmerzustand beim Einschlafen und beim Aufwachen im Alpha-Bereich schwingt. In dieser Phase ist das Ego quasi nicht mehr bzw. noch nicht wach und wir können viel klarer wahrnehmen und fühlen, was wir wirklich wollen, weil der Verstand noch nicht mitredet und die Ängste noch schlummern.

Zweifle ruhig etwas an, das dir gesagt wird! Triff nicht jede Entscheidung sofort, ohne abzuwägen und dir Raum zu geben, genau in dich hineinzufühlen! Jahrzehntelang wurdest du darauf getrimmt, deinen Verstand zu benutzen, und die Intuition, so wurde es dir wiederholt vermittelt, wäre was für Spinner bzw. einfach nicht verlässlich. Dabei ist das Gegenteil der Fall. Triff also die Entscheidung, deine Intuition wieder

---

3 Robert Betz: »Willst du normal sein oder glücklich?«, Heyne 2011.

klarer wahrzunehmen und zu lernen, ihr wieder zu vertrauen! Triff diese Entscheidung machtvoll und klar! Denn dein innerer Kompass weiß, was dir dient und was nicht!

Sei dir aber auch dessen bewusst, dass du oft nur allzu gerne am Zweifel kleben bleibst. Denn zu zweifeln, bedeutet oftmals: »Hm, ich bin mir unsicher. Und solange ich mir nicht sicher bin, lasse ich es lieber.« Dein Zweifel ist dir also im Grunde eine willkommene Ausrede, alles beim Alten zu lassen. Du kannst ja nichts dafür, dass du keine klaren Signale bekommst (= Opferdenken, Machtlosigkeit). Und bevor du einen Fehler machst … Das kennen wir ja schon.

Was also tun? Was hilft dir, deine Zweifel hinter dir zu lassen bzw. konstruktiver mit ihnen umzugehen?

Tschüss, Entweder-oder!

Du tust dich schwer damit, eine Entscheidung bewusst und klar für oder gegen etwas zu treffen? Dann kann das Problem genau in der Idee liegen, dass du dich entweder für etwas oder gegen etwas entscheidest. Und dazwischen gibt es: nichts.

»Entweder« und »oder« sind nicht nur zwei Wörter. Sie werden im Deutschen fast wie eine Art Redewendung gebraucht. Gerne sagt man sie auch zu Menschen, auf die man etwas Druck ausüben möchte. Zwei Wörter, die uns suggerieren, dass man eben nicht alles haben kann. Zwei Wörter, die so unvereinbar scheinen wie Schwarz und Weiß. Nur vergessen wir gerne, dass es Grau eben auch gibt. Oder, um ein bunteres Beispiel zu nehmen: Es gibt nicht nur die Grundfarben Blau oder Rot, sondern auch Lila. Nicht nur Rot oder Gelb, sondern auch Orange.

Ein Freund von mir, bis dato ein Beziehungsphobiker, saß mir gegenüber mit einem Blick, den ich von ihm nicht kannte. Wie ein geprügelter Welpe guckte er mich an und berichtete mir von seinem Dilemma. Er, der Superunabhängige, hatte sich verliebt. Nein, also, nicht wirklich. »Was ist schon Liebe?«, konterte sein Ego auf meine Nachfrage hin, ob er sich verliebt habe. Klar, Abwehrmechanismen müssen ja klug greifen, gerade bei Denkern, wie Ingenieure es nun einmal sind. Mit dieser Frau habe er ein halbes Jahr lang »etwas laufen« gehabt. Mit anderen auch. Natürlich. Er sei ja eben superunabhängig und superfrei. Keine Versprechen, keine Bindungen. Obwohl er oft an sie dachte, erlegte er es sich selber auf, ihr nur einmal die Woche eine Whatsapp-Nachricht zu schicken, damit »kein falscher Eindruck entsteht«. Natürlich! Nur dass besagte Dame nach einem halben Jahr ihm dann mitteilte, dass sie an einem Fortbestehen der Affaire kein Interesse mehr habe, weil er offenkundig unfähig sei, eine emotionale Bindung einzugehen, was sie sich aber wünschen würde. »Sie kam gar nicht auf die Idee, ich könnte das wollen«, sagte er mir, während seine Mundwinkel nach unten hingen. Deshalb sei sie sehr überrascht gewesen, als sie eine halbwegs emotionale Reaktion bei ihm entdeckte, da er seine große Enttäuschung eben doch nicht ganz verbergen konnte. »Ich hatte gehofft, es würde einfach so lange so weitergehen, bis ich mir die Frage ›Entweder-oder?‹, also ›Freier Single oder exklusive Zweisamkeit?‹, gar nicht mehr stellen müsste, sondern sicher wäre«, seufzte er traurig.

Was für eine nette Geschichte, die sich sein Ego da zurechtgelegt hatte! Ein Superunabhängiger wird sich niemals »freiwillig« dazu entscheiden, seine Freiheit aufzugeben. Ganz einfach aus dem Grund, weil es diese Freiheit gar nicht gibt. Sie ist eine Illusion. Wer wirklich frei ist, ist frei, sich zu ent-

scheiden. Wer wirklich frei ist, kann ohne Angst den Versuch einer Beziehung wagen – oder es eben auch sein lassen. Je nachdem, was sein Herz (ausprobieren) möchte. Wer aber Beziehungen aus den unterschiedlichsten Ausreden heraus (»Ich will den anderen nicht verletzen«, »Dann muss ich auf so vieles verzichten«, »Ich bin einfach nicht beziehungsfähig« usw.) vermeidet, ist nicht frei. Sondern ein Gefangener seiner Illusion, seine Freiheit »wahren zu müssen«.

Zurück zu meinem Freund. Er saß da nun in seinem Elend in meiner Wohnung und litt. Natürlich nur so ein bisschen, weil ja eigentlich alles total in Ordnung war. Ein weiterer Schutzmechanismus. Dann aber machte ich ihm seine Vermeidungsstrategien deutlich. Erklärte ihm, wie er dabei war, sich einmal mehr zu sabotieren. Und schließlich entmachteten wir seine größte Denkfalle: die des Entweder-oder-Musters. Denn es gibt nicht nur das eine oder das andere. Er könnte beispielsweise offen mit dieser Frau über seine Gefühle reden. Er könnte ihr sagen, dass er nicht wisse, ob er es schafft, sich tiefgehend auf die Beziehung einzulassen, aber dass er es versuchen wolle. Er könnte versuchen, eine monogame Beziehung zu leben. Aber er hat auch die Freiheit, dies für sich nach einer Weile als Fehler zu erkennen. Und dann hätte er erneut die Chance, mit ihr offen über seine Wünsche und Bedürfnisse zu sprechen. Sie beide könnten gemeinsam definieren, wie ihre ganz eigene Beziehung aussehen kann und soll. Und sie beide dürften immer wieder neu entscheiden, ob sie den eingeschlagenen Weg weitergehen möchten oder eben nicht. Eine Entscheidung für eine Beziehung bedeutete in seinem Fall nicht, dass er damit mit Brief und Siegel für alle Zeit auf alle Frauen außer der einen verzichten müsste – zumal er ja seiner potenziellen Partnerin nicht einmal die Chance gegeben hatte, zu seinen Bedürfnissen Stellung zu nehmen.

Gerade in Sachen Partnerschaft machen wir uns so vieles kaputt, weil wir meinen, für den anderen mitdenken zu müssen, anstatt wahrhaftig zu kommunizieren. Dieser Mangel an Kommunikation und seine Folgen erinnern mich immer wieder an eine kleine Geschichte, die ich einmal gehört habe. Leider weiß ich nicht, von wem sie stammt. Es geht um ein uraltes Ehepaar, das gemeinsam am Frühstückstisch saß. Wie jeden Morgen, seit 60 Jahren, schnitt die Frau das Brötchen auf und gab ihrem Ehemann die obere Hälfte. Weil sie die obere Hälfte besser fand und ihre Bedürfnisse zurückstellte, damit er es besser hatte. Wie gesagt, seit über 60 Jahren ging das so. Bis er sie an diesem Morgen mit einem Mal anbrüllte. »Mir reicht es! Ich habe die Nase voll! Ich will auch endlich einmal die untere Hälfte haben! Ich mag sie viel lieber und will nicht jeden Tag die obere Hälfte essen müssen!«

Tja, hätten die beiden jeweils einfach offen miteinander darüber gesprochen, was sie für Bedürfnisse haben, hätte jeder sechs Jahrzehnte lang bekommen, was er wirklich wollte.

Löse dich von der Idee, dass es nur die eine oder die andere Wahl gibt! Das Leben ist so erfindungsreich, so voller Liebe und Kreativität! Wenn du wieder einmal meinst, nur zwischen »entweder« und »oder« entscheiden zu können, dann entscheide dich dieses Mal anders. Entscheide dich hierfür:

»Ich glaube, neben diesen beiden Möglichkeiten keine Wahl zu haben. Daher entscheide ich mich neu. Ich entscheide mich für die mir und allen Beteiligten dienlichste Lösung, und ich öffne mich für sie! Möge das Leben mir klar und für mich erkennbar die beste Lösung aufzeigen!«

Entscheide dich mit aller Macht und Kraft! Entscheide dich dafür! Und entscheide dich auch dafür, die nötige Geduld zu haben, die das göttliche Timing braucht. Denn du kannst dir sicher sein: Das Leben vergisst deine Entscheidung nicht. Es weiß nur auch am besten, wann du die Lösung wirklich brauchst.

Horrorszenarios bewusst ausmalen

Du hast immer noch Zweifel? Warum? Natürlich, weil du dich, wir wissen es bereits, vor den Konsequenzen deiner Entscheidung fürchtest.

Dabei ist eine Sache immer wieder ganz erstaunlich. Die Menschen haben vor irgendetwas Angst, was vielleicht in der Zukunft passiert, wenn sie jetzt diese Entscheidung bewusst treffen. Fragt man dann allerdings nach, was ihrer Meinung nach denn Schlimmes eintreten wird, werden sie oftmals stumm. Dann beginnt das Ego zu sprechen: »Ja, dann habe ich kein Geld mehr!« – »Ok, du hast kein Geld mehr. Was bedeutet das? Was ist dann?« – »Hm.« Jetzt denken sie erst mal einen Moment lang nach. Normalerweise sagen sie zu sich selbst: »Ja, genau, das ist riskant. Lass es lieber!« Und die Überlegung ist beendet. Aber jetzt müssen sie weiterdenken: »Dann verliere ich meine Wohnung«, »Dann kann ich meinen Kindern nichts zu Weihnachten kaufen«, »Dann kann ich mir kein Auto mehr leisten.« Die Antworten auf die Frage, was ohne geregeltes Einkommen passieren würde, sind vielfältig. Und irgendwie auch wieder nicht. Denn stets sind sie auf etwas Materielles ausgerichtet, das dann aus ihrem Leben verschwinden würde. Spätestens an dieser Stelle hören die Fragen auf. Nicht aber bei mir. »Und dann? Was ist dann?«, bohre ich weiter. Bleiben wir mal bei dem Beispiel mit der Wohnung. – »Ja, dann bin ich obdachlos!« Ein entsetzlicher Gedanke, oder? – »Und dann?«, frage ich. – »Wie, und dann? Dann lebe ich auf der Straße!« – »Und dann?« Jetzt wird es schon schwieriger. Denn ich schreibe meine Bücher ja für Menschen unseres Kulturkreises. Und hier verhungern die wenigsten. Das aber ist das, was tief in uns allen steckt: die Angst, zu sterben. Hätten wir diese Angst nicht mehr, würden sich alle Horrorszenarios in Luft auflösen. Dann würden wir erkennen, dass wir ewig sind und dass es nichts zu fürchten gibt, weil das Leben (!) ohnehin weitergeht.

Natürlich bist du ein Mensch, und natürlich trägst auch du diese Urangst in dir. Sonst hättest du das Buch nicht in der Hand. Und ich mache hier auch keine Heilsversprechen wie »Hol dir einen Lichtstrahl aus dem Kosmos, und lass die Angst vor dem Tod einfach von Gott auflösen!« Bei wem das auch immer klappt, dem gratuliere ich. Ernsthaft! Meine Lebenspraxis aber zeigt mir etwas anderes. Zum einen, dass sich die meisten unserer Themen (bisher?) nicht einfach so mit einem Heilsstrahl auflösen lassen, neue Zeit hin oder her. Zumindest nicht als Lösung mit einem sofort spürbaren und sichtbaren Ergebnis. Ich glaube daran, dass wir mit unseren Bedürfnissen gehört werden. Nur kommt die Antwort bzw.

die Lösung oftmals zu einem anderen Zeitpunkt, als wir uns das momentan so ausmalen.

Zum anderen weiß ich aber auch, dass du große Schritte nach vorne machen kannst, wenn du machtvolle Entscheidungen triffst und bereit bist, deinen Ängsten ins Angesicht zu blicken! Diese diffusen Horrorszenarios sind die Gespenster im Kinderzimmer. Es ist alles so lange gruslig und lebensbedrohlich, bis man das Licht anmacht. Dann sieht man, dass es nur der Wind war, der in den Vorhang geblasen hat. Kein Grund, sich zu fürchten.

Daher rate ich dir von Herzen: Wann immer du eine mögliche Veränderung in deinem Leben mit einem Totschlagargument abwürgst, setz dich hin, und frage wieder und wieder: »Und dann?« Lass die Bilder in deinem Kopf entstehen, statt immer gleich zu sagen: »Uuuuuuuh, das will ich mir gar nicht erst ausmalen, was dann passiert!« Wenn du es dir nicht ausmalst, bleibt es das Schreckgespenst, das dich gleich fressen wird. Je tiefer du bohrst und nachschaust in dir, umso mehr wirst du feststellen: »Was auch immer geschieht, ich bin immer noch da.« Außer natürlich, du beschließt, aus dem 20. Stock ohne Sicherung zu springen. Zu solchen Ideen soll das Buch dich aber auch nicht anregen. Immerhin geht es hier um Entscheidungen, die Leben in dein Leben zurückbringen sollen.

Und das behalte bitte auch im Hinterkopf:

> Wer in Angst im Alten verharrt, obwohl ihn das nicht glücklich macht, der lebt nicht. Er stirbt vor sich hin. Langsam, aber unaufhörlich. Denn Leben ist naturgemäß Veränderung.

Fakt ist: Du veränderst dich sowieso. Deine Zellen sterben ab, neue entstehen. Die Sonne geht auf, die Sonne geht unter, ob du das willst oder nicht. Dein Urlaub kommt, und dein Urlaub vergeht. Und wenn deine Seele Veränderung will, dann wird sie eintreten, so sehr du dich auch sträubst. Klammere dich fest ans Alte, wehre dich, kämpf gegen das Leben an! Tu das! Es wird dir nur nichts nützen. Du meinst, dich damit vor dem Sterben zu schützen. In Wahrheit stirbst du in dem Moment, in dem du das Leben, die Veränderung, verleugnest.

Unterschätze aber das Leben nicht! Es ist weit stärker als dein angstbasiertes Ego. Und ich kann dir erneut aus Erfahrung sagen: Je mehr du mit dem natürlichen Fluss deines Lebens gehst, umso leichter und einfacher wird es für dich. Umso weniger Kollateralschäden erleidest du. Umso mehr bewusstes und erfülltes Leben offenbart sich dir.

Wenn du das verstehst, deine Angst dich aber dennoch packt und du jetzt denkst, voller Verzweiflung: »Ich würde ja, aber ich weiß nicht, wie! Ich habe solche Angst!«, dann rate ich dir zu folgender Entscheidung:

»Auch wenn ich keine Ahnung habe, wie ich meine Angst loslassen soll, um mich der Veränderung zu meinem Besten zu öffnen, entscheide ich mich dafür, es zu können. Das Leben möge mir dabei helfen!«

Der Münztrick

Immer noch Zweifel? Du tust dich damit schwer, zu fühlen, was für dich der dienliche Weg ist? Der einfachere, der deinige?

Dann kann dir mein kleiner Münztrick vielleicht helfen. Er kommt bei meinen Vorträgen immer wieder sehr gut an, und oft bekomme ich die Rückmeldung, dass er im Alltag gerne und erfolgreich bei Entscheidungsschwierigkeiten eingesetzt wird.[4]

Entstanden ist er aus einem Impuls beim Autokauf heraus. Ich, die Intuitionstrainerin, die so klar spürt und sieht, war bereits seit über zehn Minuten am Auf- und Abtigern, da ich nicht wusste, ob ich das Probe gefahrene Auto kaufen sollte oder nicht. Wieso ich das nicht wusste? Weil ich total im Kopf war! Und wieso war ich total im Kopf? Weil es um einen Autokauf ging. So etwas »überlegt man sich gut«. Das lernt man ja immerhin. Wenn es um Geld geht, dann denkt man nach. Bei so etwas verlässt man sich nicht auf ein Gefühl (wobei du bestimmt in deinem Kopf hörst, wie das Wort »Gefühl« hier abschätzig ausgesprochen wird).

4 Weitere Entscheidungshilfen lernst du kennen in meinem Buch: »Schluss mit den Zweifeln! Mit deinem Wahrheitspunkt einfach klare Antworten finden«, Schirner Verlag 2015.

Da hatte ich eine Idee. Mein Freund, der mich begleitet hatte, riss entsetzt die Augen auf, als ich eine Münze aus meiner Tasche holte. »Zahl heißt, ich kaufe es, Kopf ist ein Nein.« – »Bist du verrückt? Es geht um Tausende von Euros! Das kannst du nicht von einer Münze entscheiden lassen!« Doch das konnte ich. Das Schicksal meint es immerhin immer gut mit mir. Nun, tatsächlich ging es mir um etwas völlig anderes dabei. Ich ließ die Münze entscheiden, ja. Doch in dem Moment, als ich meine rechte Hand vom linken Handrücken nahm, wo die gefallene Münze mit der Entscheidung lag, achtete ich genau auf den ersten Impuls. In diesem Fall sah ich: Kopf. Also das Auto nicht kaufen. Und ich spürte für einen kleinen Moment ein sanftes Aufatmen in mir. Erleichterung. Das Leben hatte mir »die Entscheidung abgenommen«, und ich war über das Ergebnis froh. Was bedeutet das nun? Ganz einfach: Tief in mir wollte ich dieses Auto nicht kaufen! Das hatte ich nicht spüren können, weil ich damit beschäftigt gewesen war, im Kopf das Für und Wider abzuwägen. Wäre das »mein« Auto gewesen, dann wäre ich über die Entscheidung des Schicksals enttäuscht gewesen. Und auch dann hätte ich gewusst, was ich wirklich fühle und hätte es gekauft.

Ob du nun den Münztrick anwenden magst für Autokäufe, eine potenzielle Scheidung oder einfach für die Frage, ob du Brokkoli oder Blumenkohl einkaufen sollst: Er hilft dir

dabei, deine innere Stimme, deine Intuition wieder zu hören, sie zu fühlen, wenn dein Kopf, dein Verstand, mal wieder viel zu laut schreit.

Viel Freude beim Ausprobieren!

DIE EIGENE MACHT LIEBEN LERNEN

Negative Einstellungen zu Macht

Nicht ohne guten Grund heißt dieses Buch »Mit aller Macht Entscheidungen treffen«. Bislang haben wir uns mit den Auswirkungen von Entscheidungen beschäftigt und damit, wie wir sie dienlich und effektiv treffen können. Ich habe dich immer wieder mal dazu ermuntert, sie mit aller Macht zu treffen. Doch genau das ist für viele Menschen sehr schwierig.

»Macht« ist ein Begriff, der in unserer Sprache und unserem Kulturraum aus verschiedenen Gründen oftmals sehr negativ besetzt ist. Macht wird nach wie vor überwiegend dem Männlichen zugeordnet und geht gleichzeitig einher mit Assoziationen wie »Machtmissbrauch«, »Diese Mächtigen machen doch ohnehin, was sie wollen!« oder auch »Macht korrumpiert«. Wie selten ist es der Fall, dass ein Mensch, gerade in spirituell interessierten Kreisen, sich lächelnd und positiv über Macht äußert! Natürlich gibt es zahlreiche Seminare, in denen man gerne sagt: »Nimm deine Macht an!« Aber wer tut das? Wer tut das wirklich? Wer kann das wirk-

lich? Auch hier zeigt sich wieder deutlich der Unterschied zwischen etwas wissen (»Es ist gut für mich, meine volle Macht wieder anzunehmen!«) und handeln, es mit dem Herzen wirklich zu leben.

Die Wahrheit ist: Sehr viele Menschen entscheiden sich nicht dafür, ihre Macht anzunehmen, sie zu akzeptieren. Anders gesagt, sie lehnen ihre Machtfülle ab. Zum einen aufgrund der vorher genannten negativen Assoziationen. Wer möchte schon als »machtbesessen«, »machtgeil« oder als »korrupter Vollidiot« gelten? Zum anderen scheuen wir die Verantwortung, die mit Macht einhergeht.

Was den ersten Aspekt angeht, also die negativen Assoziationen, überlasse ich es dir, dich einmal damit zu beschäftigen, was du in Wahrheit so über Macht denkst. Mach dir diese Gedanken klar und frage dich, ob du weiterhin bei diesem schlechten Bild von Macht bleiben möchtest oder nicht. Triff bewusst eine Entscheidung. Denn solange du schlecht über Macht denkst, wirst du sie nie haben wollen.

Der andere Aspekt aber soll im Folgenden näher besprochen werden, da er genau in dieser Form auf sehr viele Menschen zutrifft. Die für viele leidvolle Verknüpfung von Macht und Verantwortung. Wobei auch das letztlich ein Trick des Egos ist, um uns von unserer Macht fernzuhalten.

Der Zusammenhang von Macht und Verantwortung

Du hast dein Leben in der Hand! Du bist der Schöpfer, die Schöpferin deines Lebens!

Kennst du diese Sätze? Hast du sie womöglich selber schon gesagt, zu dir selbst oder zu anderen? Und noch viel wichtiger: Lebst du danach, immer, in jedem Moment, in vollem Bewusstsein?

Das ist für uns alle eine große Herausforderung. »Ich bin die Schöpferin meines Lebens« – wie herrlich das klingt! Doch zu akzeptieren, dass alles, was ist, auf meinem Mist gewachsen sein soll, das klingt oftmals wenig schmackhaft. Ja, die tollen Dinge, die erfolgreich laufen, die nehmen wir gerne auf unsere Kappe. Aber dann sind da ja noch die, für die man nichts kann! Sachverhalte, bei denen man nun einmal auf Gedeih und Verderb das Opfer der Umstände ist. Die Momente, in denen man ganz klar die Arschkarte gezogen hat. Oder nein, genauer gesagt die Momente, in denen einem die Arschkarte vom Leben bzw. anderen Menschen zugeschoben wird! Was soll man da schöpfen? Da gilt es einfach, sich zu beklagen und neidisch zu anderen zu schielen, mit denen es der liebe Gott offenkundig einfach besser meint.

Nett zurechtgelegt. Aber leider nicht wahr.

Ja, es stimmt. Wir alle gehen eigene, unterschiedliche Wege. Während die einen Menschen unter scheinbar viel günstigeren Sternen geboren worden sind, hinein in ein wohlhabendes Elternhaus mit einer liebevollen Mutter und einem liebevollen Vater, sind andere mit Armut, Gewalt, Missachtung und Missbrauch konfrontiert. Man kann stundenlang darüber philosophieren, warum das so ist. Das ist aber nicht das Thema an dieser Stelle. Denn worum es wirklich, hier, jetzt für dich geht, ist, wie du mit den Karten spielst, die du bekommst. Die Frage ist nicht, warum du eine vermeintliche Arschkarte gezogen hast, sondern was du daraus machst!

Wenn du mich schon einmal live erlebt hast, meinst du vielleicht, dass diese quietschfidele, vor Energie sprühende Frau einfach noch nie im Leben eine Wolke gesehen hätte. »Einfach Lebensfreude«, ihr Wirkensmotto, würde ihr einfach so zufallen. Nette Idee, stimmt so aber nicht. Dass ich es leicht(er) habe oder es mir mehr und mehr einfach mache, das habe ich mir, scheinbar paradoxerweise, hart erarbeitet. Durch ehrliche und aufrichtige Arbeit in und an mir selbst. Ich weiß, wie es ist, schmerzvolle Erfahrungen zu machen, und ich weiß, wie es sich anfühlt, wenn man anderen Pest und Cholera an den Hals wünscht, weil sie einem »so etwas« angetan haben. Doch ich habe gelernt, Schritt für Schritt,

das SCHEINBAR Unverzeihliche zu verzeihen. Und habe mir selbst damit den größten Gefallen getan.

Ich sehe mich heute nicht mehr als Opfer. Ich sehe mich als einen Menschen, dem es gelungen ist, hinter die scheinbare Realität zu blicken. Ich durfte einen Blick von oben auf das Geschehene werfen und erkannte die größeren Zusammenhänge. Ich erfuhr, wie heilsam es ist, zu vergeben, und wie viel besser mein Leben seither ist. Wie andere damit umgehen, ist alleine ihre Angelegenheit. Ich habe verstanden, dass ich damit aufhören muss, anderen ihre Verantwortung aus den Händen zu reißen und an anderer Stelle ihnen meine zuzuschieben. Ich bin seelisch gesund, ich bin ganz, wenn ich für das, was ich bin und tue, die volle Verantwortung übernehme und es gleichzeitig anderen zugestehe, die Welt so zu interpretieren, einschließlich meiner Person, wie sie es möchten. Ja, auch ich bin immer und immer wieder mit Themen und Mustern beschäftigt, die mich aus der Bahn werfen. Aber sobald ich es merke, ändere ich es.

Wie?

Nun, ich kann nicht immer die Dinge im Außen (gleich) verändern. Aber ich kann mein Denken darüber verändern. Und damit einhergehend, wie ich empfinde. Ich kann lernen, Mitleid sein zu lassen, denn es bedeutet, den Opferstatus des anderen zu nähren. Stattdessen kann ich erfahren, wie heilsam Mitgefühl ist. Und dass dies ganz natürlich ist. Ja, es ist unsere Natur, Mitgefühl zu empfinden. Menschen, die dies verlernt haben, brauche ich nicht zu verurteilen. Bin ich nicht selbst lange genug blind durch diese Welt gelaufen? Ich verstehe, wie es ist, blind für das Leid anderer und mein eigenes zu sein. Ich bin es in vielen Bereichen sicherlich immer noch. Ich weiß aber heute, wie wichtig es ist, Menschen zu finden, die einen mit Liebe ansehen, nicht mit Mitleid. Durch Liebe wachsen wir, nicht durch Kleinmachen und Jammern.

Heute wird oftmals von sogenannten Helikopter-Eltern gesprochen. Also Eltern, die die modernen technischen Möglichkeiten nutzen, um ihr Kind ständig im Blick zu haben. Eltern, die ständig zu den Lehrern laufen, um die geringste Kleinigkeit zu erfahren und um den Kindern den eigenen Kampf mit der Lehrkraft oder den Mitschülern abzunehmen. Es sind Eltern, die ihr Kontrollbedürfnis so stark ausleben, dass dem Kind kaum mehr Raum bleibt zu lernen, sich selbst zu verteidigen. Kein Raum, einfach mal unbeobachtet zu sein. Mal was anzustellen und so selber Erfahrungen zu machen. Natürlich sind das immer die anderen Eltern, wer würde sich schon selbst in diesem Licht sehen wollen? Und diejenigen, die dies tun, sind sich sicher, das Beste für ihre Kinder zu tun, selbstverständlich. Man reißt den Kindern ihre Eigenverantwortung aus der Hand, um sich von niemandem vorwerfen lassen zu müssen, dass man das hätte wissen, ahnen, verhindern müssen.

Bin ich damals nicht gerade dann gewachsen, wenn meine Eltern mich haben machen lassen? Wie gern denke ich daran zurück, dass ich so stolz war, alleine ins Dorf zu gehen, um beim kleinen Bäckerladen einzukaufen. Dazu bin ich 1,5 Kilometer auf der Straße gelaufen, die paar Pfennige in der Hosentasche und eine Plastiktüte dabei. Viele Jahre später habe ich meine Mutter gefragt, ob sie keine Angst hatte, mich als Kind das tun zu lassen. »Ach, und wie!«, rief sie aus. »Ich habe dir vom Fenster aus so lange zugesehen, bis du außer Sichtweite warst, und dann habe ich gehofft, dass du heil wiederkommst. Doch was soll man machen? Wenn man will, dass die Kinder selbstständig werden, muss man sie eben auch mal lassen.« Ich habe dieses Gespräch nie vergessen, und ich bin meiner Mutter für diesen Mut bis heute dankbar. Welche Vorwürfe sie sich (zu Unrecht) gemacht hätte, wenn tatsächlich ein Unfall geschehen wäre, kann man sich ausmalen. Doch sie hat, zumindest in diesem Fall, nicht ihre Angst mich erziehen lassen, sondern sie hat auf ihre innere Weisheit gehört und mir so die Chance gegeben, Selbstbewusstsein und Selbstständigkeit in dieser Situation zu entwickeln.

Das Verantwortungsspiel geht aber weit über die Eltern-Kind-Beziehung hinaus. Auch umgekehrt übernehmen die

Kinder Verantwortung für ihre Eltern, die dann schwer auf ihnen lastet. Wie viele Entscheidungen habe ich früher innerlich oder auch im Außen zurückgepfiffen, weil meine Mutter damit unglücklich gewesen wäre? Viele. Ich fühlte mich verantwortlich dafür, dass sie glücklich ist. Und als »gute Tochter« war es ja meine Pflicht, ihr Leid zu ersparen (was sowieso nicht funktioniert hat). Heute kann ich wirklich sagen: Ich liebe sie aus ganzem Herzen. Und wenn sie sich dafür entscheidet, über etwas traurig zu sein, dann darf sie das. Es ist ihre Entscheidung, ob sie weinen und klagen will oder sich freuen. So wie es meine Entscheidung ist, wie ich mein Leben gestalte. So konnte ein völlig neuer Raum zwischen uns entstehen, eine viel freiere Liebe. Und bestimmt kann ich auch hier noch weiter wachsen. Was ich gerne tue.

Eltern und Kinder, Kinder und Eltern. Und das Spiel »meine Verantwortung – deine Verantwortung« geht weiter: Chef – Angestellter, Lehrer – Schüler, Geschwister, beste Freundinnen, Versandhaus – Kunde, Hotel – Gast. Sobald etwas nicht passt, sind wir fix dabei, uns aufzuregen, anderen klarzumachen, was sie verbockt haben. Doch wer stellt sich in Krisenmomenten hin und spürt in sich hinein? Fragt sich ehrlich und aufrichtig, was der eigenen Anteil an dieser Situation ist? Welche eigenen Entscheidungen einen an diesen Punkt gebracht haben (zum Beispiel eben doch das billigere Hotel zu buchen statt das schönere, obwohl ich das eigentlich nicht wirklich wollte)? Wer erkennt, dass gerade einfach ist, was ist, und dass es meine Wahl ist, wie ich darüber denke und fühle? Wenn du wirklich glücklich werden willst, wirklich, dann fang damit an, die Verantwortung zu dir zurückzunehmen! Denn niemand außer dir ist verantwortlich dafür, wie du dich in genau dieser Lage fühlst! Niemand ist verantwortlich dafür, wie du eine Situation einschätzt und bewertest, ja, verurteilst! Frag fünf Leute, und jeder wird dir eine andere Sicht schildern. Nur willst du das eben nicht hören. Stattdessen suchst du dir Verbündete im Geiste, die dir deine Weltsicht bestätigen. Und gemeinsam suhlt man sich dann im Selbstmitleid und darin, was die Welt doch für ein schlechter Ort sei, statt konstruktiv nach Lösungen zu suchen.

Glaube mir: Die beste Freundin ist nicht die, die dir bestätigt, wie arm du dran bist. Die nickt, wenn du sagst, dass dein Mann ein Schwein sei oder der Chef ein Tyrann. Die beste Freundin ist die, die dir zuhört und auf Nachfrage, was du jetzt tun sollst, dir konkrete Vorschläge macht, wie du aus der Nummer jetzt herauskommst. Ohne Schuldzuweisungen, sondern für alle Beteiligten fair. Das sind Freunde, die man sich suchen sollte, denn sie helfen, zu heilen. Und wenn du sagst: »So jemanden kenne ich nicht«, dann entscheide dich jetzt dafür, dass DU diese Freundin für jemanden sein willst! Dass DU dieser beste Kumpel wirst, den du dir für dich selbst wünschen würdest. Und dann erlebe, welche Wunder

das Leben für dich bereithält, wenn du beginnst, der oder die zu sein, den oder die du dir selbst im Leben wünschen würdest!

Ja, das klingt alles anstrengend. Vielleicht kennst du aber das gute Gefühl, wenn du beim Joggen warst, trotz der Kälte, und danach unter der heißen Dusche stehst. Dann bist du glücklich und froh, dass du dich ein bisschen gequält hast. Weil es sich lohnt. Absolut und zweifelsfrei.

Hast du den Punkt erst einmal erreicht, deine Verantwortung zu dir zurückzunehmen und anderen ihre Verantwortung zu lassen (und bitte lenk jetzt nicht ab, indem du wütend argumentierst, dass Eltern nun einmal eine Verantwortung für ihre Kinder zu tragen haben), dann wirst du Folgendes erkennen:

Wenn du dich dafür entscheidest, deine Verantwortung zu dir zurückzunehmen und dein Leben selbst in die Hand zu nehmen, wirst du automatisch die Machtfülle erkennen, die damit einhergeht!

Es klingt furchtbar, für alles im Leben selbst verantwortlich zu sein (bzw. dafür, wie man es erlebt). Wahr ist aber, dass du jetzt wieder die absolute Macht über dein Leben hast!

Zum einen wird dein Schöpferpotenzial wirklich freigesetzt, zum anderen hörst du auf, dich als Opfer der Umstände zu sehen. Du erlebst, Schritt für Schritt, wie befreiend es ist, das sein zu lassen, was ist, weil du es nicht mehr verurteilst oder schlimm findest. Und wenn du dich wirklich in einer Situation befindest, die dir entsetzlich erscheint, dann klage nicht und verurteile andere nicht dafür, dass sie das verbockt haben, sondern überlege, welche Entscheidungen im Hier und Jetzt dir dienlich sind, um dich als bald als möglich in anderen Umständen wiederzufinden.

Du hast die Macht. Nutze sie weise, und das Leben wird dir diese Einstellung spiegeln!

LEBEN ODER FUNKTIONIEREN – DEINE WAHL

Memento mori: Leben heißt sterben

Erkennst du, wie sich dein Leben zum Positiven hin verändert, wenn du die Verantwortung für die Beurteilung des Erlebten übernimmst und du damit in deine Macht gehst, als Herr/Herrin über deine Gedanken? Ich wünsche es dir. Manche Dinge können wir ändern, manche gilt es, zu akzeptieren. Doch wie wir über etwas denken und folglich fühlen, das ist immer unsere Wahl.

Ein Gedanke, der dir helfen kann, für dich klare Entscheidungen zu fällen, und zwar hier und jetzt, ist: »Memento mori.« Er stammt aus dem Lateinischen und wurde zur Zeit des Barock häufig zitiert. Übersetzen kann man ihn mit: »Sei eingedenk des Todes.« Hiermit ist nicht gemeint, dass du den ganzen Tag zittern sollst, weil du immer daran denkst, dass du mal sterben musst. Im Gegenteil. Statt zu verdrän-

gen, dass deine Zeit hier in dieser individuellen Persönlichkeit auf der Erde begrenzt ist, solltest du dir dessen bewusst sein und so jeden Tag als Geschenk betrachten, das gelebt werden will!

Jahr um Jahr feiern wir Geburtstage. Wir tun so, als wäre es toll, wieder ein Jahr älter zu werden. Bis wir ein Alter erreichen (so uns das beschieden ist), in dem sich die Betrachtungsweise umdreht. Feiern wir den 18. Geburtstag noch wie verrückt, flippen wir meist wenig aus, wenn wir 68 werden. Dabei ist es völlig natürlich, dass wir jeden Tag sterben und so dem finalen physischen Tod näher kommen. Für uns alle läuft in jedem Moment eine Sanduhr, deren Anzahl an Sandkörnern wir nicht kennen bzw. meist auch gar nicht wissen wollen. Wir verdrängen, dass wir eines Tages dieses Leben hinter uns lassen (wir nennen es »sterben«), und tun so, als käme dieser Tag nie. Wie sonst könnte man erklären, dass so viele Menschen das Schöne, Gute, Freudvolle ständig in eine Zukunft verschieben, von der sie nicht einmal wissen, ob sie kommt?

Als ich 2012 auf meine Intuition hörte, die mir sagte, ich solle alles aufgeben, was mit Geld verdienen zu tun hat, zumindest für eine (un-)bestimmte Zeit, da gingen mir viele Dinge durch den Kopf. Doch innerlich war ich ruhig. Ich rechnete aus, wie viel Geld ich monatlich brauchen würde, nicht darbend, sondern das Leben genießend, und traf in absoluter Ruhe und wissend, dass ich das Richtige tat, ein paar Entscheidungen. Dazu gehörte zum Beispiel, meine Rentenversicherung aufzulösen, die ich mir ein paar Jahre zuvor hatte aufschwatzen lassen. Es ist erstaunlich, mit welcher Penetranz Versicherungen einen anrufen, wenn man das tut. Als wäre ich ein unmündiges Kind, das in völliger Naivität und Dummheit etwas Unüberlegtes tun würde. Dabei war ich so klar wie selten zuvor. Auch verkaufte ich, ohne eine Träne zu weinen, mein Cabrio. Ich hatte es geliebt, wie man Dinge eben manchmal liebt. Doch ich hatte Wichtigeres vor. Ich hatte vor, zu leben. Und zwar ausschließlich, ohne an etwas anderes zu denken. Mein Projekt nannte ich: »Ein Jahr leben!« Ein Jahr, in dem ich mich nicht in der Fiktion befinden würde, ich müsste für mein Geld arbeiten. Ein Jahr, in dem ich mich jeden Tag aufs Neue fragen würde: »Und was möchte ich heute tun?« Klingt paradiesisch, war in den ersten Monaten aber eine echte Herausforderung. Bereits als Jugendliche hatte ich Workaholic-Tendenzen. Ich musste erst wieder lernen, in den Tag hinein zu leben.

Diese Zeit, und aus einem Jahr wurden zwei, war unbeschreiblich wichtig für mich. Eine Zeit, in der mich sehr viele Menschen fragten (so sie sich trauten), wie ich mir das leisten konnte. Meine ruhige Antwort war eine Gegenfrage:

»Wie kannst du es dir leisten, nicht zu leben?« Dabei rede ich nicht einmal von Menschen, die gar kein Geld haben (denen empfehle ich übrigens gern das Buch »Glücklich ohne Geld« von Raphael Fellmer, das man kostenlos im Internet herunterladen kann). Häufig haben mich Menschen bestaunt, die Geld haben, aber behaupten, sie könnten sich so etwas nicht leisten. Ihnen stockt regelmäßig der Atem, wenn ich die gekündigte Rentenversicherung erwähne. Deutschland, du und dein Versicherungswahn! Angst ist im deutschen Kollektiv massiv verankert. Wir sind aus meiner Sicht ein Volk, das unglaubliches Potenzial hat. Wir leben in Wohlstand, haben Bildung, Verstand, ein Gesundheitssystem, das zwar des ganzheitlichen Aspekts noch entbehrt, aber auch viel Gutes bietet. Ja, auch in unserem Land haben manche wenig Geld. Aber unsere Armen sind immer noch reicher als viele andere Armen dieser Welt. Das weiß ich, weil ich schon finanziell arme Länder, sogenannte Entwicklungsländer, bereist habe.

Dabei kam ich in dieser Zeit zu einer grundlegenden Erkenntnis: Die beste Altersvorsorge sind schöne Erinnerungen! Ich habe begonnen, mir eine innere Datenbank anzulegen mit Momenten, die sofort tolle Gefühle in mir auslösen. Statt einfach nur älter zu werden und von bestimmten Dingen zu träumen und ihnen nachzutrauern, mache ich sie. Sonst würde ich jetzt nicht hier in Spanien am Mittelmeer

sitzen, vor mir in der Ferne Ibiza, das Rauschen des Wassers als Hintergrundmusik. Ich würde das Geld, das diese Reise mich kostet, als Zahl auf meinem Konto sehen und mir erzählen, dass ich das Buch viel lieber an einem inspirierenden Ort schreiben würde, aber ich mir das nicht leisten könnte. Weil ich ja irgendwann das Geld dringend für was brauchen könnte, was ich dann aber nicht kann, weil ich es verplempert hätte. Merkst du, wie viele Konjunktive hier vorkommen? Hätte, würde, irgendwann …

Geld ist toll. Ich entscheide mich auch immer wieder dafür, Geld zu haben. Und zwar stets mehr, als ich brauche. Überfluss darf sein inmitten dieses wunderbaren, in seiner Fülle verschwenderischen Universums! Ich sage »Ja!« zu Geld! Denn mein Leben findet inmitten unserer Gesellschaft statt. Durch monatelanges Reisen mit einem Rucksack habe ich erfahren, dass ich tatsächlich nur sehr wenig brauche, um glücklich zu sein. Diese Erfahrung macht mich sehr reich. Denn so kann ich Wohlstand genießen, ohne innerlich von ihm abhängig zu sein. Auch hier gibt es nicht nur »Schwarz oder Weiß« oder »Askese oder Materialismus«, diesen Gedanken: »Beides geht nicht.« Was für eine absurde Idee! Die Frage ist nicht, ob du viel Geld hast oder wenig. Die Frage ist: Wie geht es dir damit? Und wenn es dir nicht gut geht damit, dann triff eine Entscheidung, und sei bereit, Konsequenzen zu ziehen! Menschen leben dir in jedem Moment vor, dass das in beide Richtungen geht. Die einen verschenken ihre Reichtümer und lösen sich, atmen erleichtert auf, weil sie plötzlich nichts mehr besitzen. Andere haben ihre Armut satt und stellen sich auf die Hinterbeine, werden finanziell reich und sind glücklich, weil sie das Darben hinter sich gelassen haben. Alles ist möglich, verstehst du? Alles. Auch all die bunten Töne dazwischen.

Memento mori. Sei eingedenk des Todes. Und in diesem Bewusstsein, dass dieser Tag dein letzter sein könnte, frage dich: »Was mag ich? Wofür bin ich dankbar? Und was mag ich nicht?« Entscheide dich! Verändere es! Leg den Grundstein dafür mit einer machtvollen Entscheidung! Gestalte dein Morgen im Hier und Jetzt!

Wozu, wenn es dein letzter Tag sein könnte? Denk an den Spruch, den man Martin Luther in den Mund legt:

»Wenn ich wüsste, dass morgen die Welt untergeht, würde ich heute noch ein Apfelbäumchen pflanzen.«

Der Moment unserer körperlichen Geburt war der Beginn unseres körperlichen Todes. Während du diese Zeilen liest, vergehst du, Stück für Stück. Du bist jetzt deinem physischen Tod näher, als du es warst, als du mit der Lektüre dieses Buches begonnen hast. Wozu also warten? Worauf?

Erinnere dich an deine Macht! Triff Entscheidungen, die dich dahin tragen, wo du in diesem Leben wirklich sein willst! Geh mit dem Fluss der Veränderung, und nutze seine Kraft, um dich zu deinen Zielen tragen zu lassen! Du kannst es, Mensch, du kannst es! Wach auf, und entscheide dich! Denn es ist deine Wahl, wie du leben möchtest, ob du es nun glaubst oder nicht.

Nur: Wenn du dich nicht entscheidest, wirst du eine Marionette bleiben. Auch das ist in Ordnung, wenn das dein Wunsch ist.

Ist er es?

Leitfragen als Entscheidungshilfe

Veränderungen in unserem Leben, bewusste Veränderungen, bedürfen eines klaren Bewusstseins dafür, was wir nicht mehr und was wir stattdessen wollen. Dann erst können wir uns bewusst entscheiden.

Um herauszufinden, was wir tatsächlich wollen, ist die Kunst des Fragenstellens von großer Bedeutung. Als Expertin für Lebensfreude und Bewusstwerdung weiß ich um die Macht der dienlichen, zielführenden Fragen. Daher beinhaltet mein Buch »Verändere dein Leben!«[5] zwei Aspekte: die Macht der Entscheidungen aus dem vorliegenden Buch sowie die Kunst des richtigen Fragenstellens des Titels »Frag dich frei!«[6]. Um für dich in einigen Dingen jetzt mehr Klarheit zu bekommen, können für dich am Anfang die folgenden Fragen dienlich sein, deren Antwort du alleine in dir, in deinem tiefsten Selbst finden wirst. Falls du dich mit der Kunst zielführender Fragen gerne eingehender beschäftigen möchtest, seien dir die anderen beiden Bücher ans Herz gelegt.

---

5 Silvia Maria Engl: »Verändere dein Leben«, Schirner Verlag, voraussichtlicher Erscheinungstermin: Mai 2016.
6 Silvia Maria Engl: »Frag dich frei«, Schirner Verlag, voraussichtlicher Erscheinungstermin: April 2016.

Um herauszufinden, ob für dich wichtige Entscheidungen anstehen, kannst du dir die folgenden Fragen stellen. Stell sie laut in den Raum hinein, und horch dann in dein Innerstes!

»Mit welchen Dingen in meinem Leben bin ich nicht einverstanden? Wieso nicht?«

»Was ist mein Anteil daran, dass ich mich in dieser Situation befinde? Welche Entscheidungen in meiner Vergangenheit haben mich hierher gebracht?«
(Zum Beispiel: Wenn du in deiner Ehe unglücklich bist, und du bist dir sicher, dass es an deinem Partner liegt, dann darfst du dir bewusst machen, dass du irgendwann »Ja« zu diesem Menschen gesagt hast und dieses Ja bisher auch nicht widerrufen hast.)

»Welche Entscheidung/-en würde/-n dazu beitragen, dass ich mich aus dieser Situation lösen kann?«

»Welche Angst/welche Ängste haben mich bisher davon abgehalten, diese Situation zu verändern?«

»Was oder wer hilft mir ganz konkret dabei, diese Ängste zu überwinden/sie loszulassen/trotzdem den nächsten Schritt zu gehen?«

»Was ist bisher mein Gewinn an dieser negativen Situation? Warum halte ich bislang an ihr fest?«

(Zum Beispiel: Wenn ich krank bin, kümmert sich jemand um mich … Solange ich kein Geld habe, kann ich guten Gewissens immer zu meinen Eltern fahren und mich bemuttern lassen … Mit diesem Körpergewicht will mich ohnehin keiner, und darum muss ich mich meinen Beziehungsängsten nicht stellen usw.)

»Warum sträubt sich ein Teil von mir, die volle Verantwortung für mein Leben zu übernehmen?«

»Warum glaube ich, für das Glück von … verantwortlich zu sein?«

»Welche Schritte kann ich konkret unternehmen, um meine Verantwortung zu mir zu nehmen und … seine/ihre Verantwortung zu lassen?«

Fragen, die dich auch weiterbringen, die aber eher »Fortgeschrittenen« empfohlen werden, da sie ins Eingemachte gehen, können folgende sein:

»Welche Entscheidung/-en will ich keinesfalls treffen?«

»Mit welchem Thema möchte ich mich nicht auseinandersetzen, weil es dann in mir rütteln würde?«

»Was habe ich bislang (mehr oder minder) erfolgreich ausgeblendet, um vor mir selber (und/oder anderen) gut dazustehen?«

Beobachte genau, wie du auf die Fragen reagierst, auch bereits beim Lesen. Spürst du bei manchen Fragen einen Widerstand? Lehnst du manche Fragen als »Quatsch!« oder »Das ist nichts für mich« ab, ohne sie dir einmal gestellt zu haben? Macht dich eine Frage vielleicht sogar wütend, zum Beispiel die nach dem verdeckten Gewinn (das kommt häufig vor, denn hier schlummert meist einiges verborgen, das wir uns gar nicht so recht anschauen möchten).

Diese Fragen sind nicht dazu gedacht, dass du dich zwei Minuten lang hinsetzt und eine nach der anderen runterratterst. Vielmehr solltest du eine gezielt auswählen, dir Zeit nehmen, sie laut aussprechen und in dich hineinspüren. Wer bereits Erfahrungen mit seinem Wahrheitspunkt[7] gesammelt hat, kann die Fragen auch direkt an den eigenen Wahrheitspunkt stellen. Wichtig ist aber, dass du in jedem Fall die

7 Vgl. Silvia Maria Engl: »Schluss mit den Zweifeln! Mit deinem Wahrheitspunkt einfach klare Antworten finden«, Schirner Verlag 2015.

klare Absicht triffst, in dir fündig zu werden, ob die Antwort nun sofort kommt oder ein wenig später. Sei geduldig mit dir! Und wenn du es noch nicht bist, dann entscheide dich dafür, geduldiger zu werden. Denn Ungeduld ist letztlich nichts anderes als ein mangelndes Vertrauen ins Leben, dass alles ohnehin zum richtigen Zeitpunkt geschieht.

Ich wünsche dir viel Klarheit aus deinem Inneren heraus! Ich wünsche dir, dass du lernst, wieder dir selbst und dem Leben voll und ganz zu vertrauen! Ich wünsche dir, dass du deine Ängste hinter dir lassen kannst und dich voll und ganz dafür entscheidest, dein Leben zu leben, dich selbst zu entdecken und dabei stets Freude zu haben! Denn diese Reise ist ein großes Spiel. Und auch wenn es nicht an allen Tagen so aussieht: »Mensch ärgere dich nicht!«

Alles (ist) Liebe

Deine Silvia Maria Engl

DANK

Wir sind jeder für sich einzigartige Tropfen in einem Meer, die zusammen ein großes Ganzes ergeben. So wie ein Tropfen sich bewegt, so bewegen sich die anderen.

Auch mich bewegen Menschen auf meiner Reise zu mir selbst. In diesem Buch möchte ich dieses Mal meiner Mutter danken. Wir beide sind zwei Tropfen, die besonders eng nebeneinander im großen Meer schwimmen, auch wenn es an manchen Tagen so scheint, als wärst du im Pazifik und ich im Atlantik. Oder gleich auf einem anderen Planeten. Doch ich weiß, dass das nur täuscht.

In den letzten Jahren hatten wir es miteinander nicht immer leicht. Und genau diese teils zähe, schwere Zeit hat mich unvergleichlich geformt. Deine Widerstände haben mir die Chance gegeben, mich selbst, meine Absichten und Entscheidungen immer wieder neu zu überprüfen und sie zu bekräftigen. Ich habe gelernt, mir selber treu zu sein, auch wenn ich damit scheinbar alleine dastand. Nur so konnte ich die werden, die ich jetzt bin. Indem du genau so warst, wie du warst, hast du mich noch einmal alleine zum

Einkaufen geschickt. So bin ich ein großes Stück selbstständiger geworden, und das würde ich nicht missen wollen.

Weißt du, Mama, in »spirituellen Kreisen« behauptet man oft das Gegenteil von dem, was du sagst. Du meintest immer, seine Familie könne man sich nicht aussuchen. Wenn ich uns heute betrachte, als die, die ich bin, sage ich: Doch. Für mein Wachstum brauche ich euch alle genau so, wie ihr seid. Allen voran habe ich dich gebraucht. Heute »brauche« ich dich nicht mehr. Heute liebe ich dich einfach nur. Danke dafür, dass du mir mein Leben geschenkt und mir den Weg geebnet hast, hin zu meiner Bestimmung. Das konntest so nur du. Ich liebe dich.

Deine Silvia

ÜBER DIE
AUTORIN

Silvia Maria Engl ist eine Reisende, im Innen wie im Außen. Sie liebt es, die Welt zu erkunden und Menschen zu begegnen. Gleichzeitig sind ihr der gelegentliche Rückzug und ein bewusstes Alleinsein sehr wichtig.

Die Autorin lebt ihre eigene Spiritualität. Das Wichtigste hierbei ist für sie, dass ein Mensch sein eigenes Leben lebt, sich mit sich selbst wohlfühlt und sich und seiner Kraft und

Macht vertraut. Wer an diesem Punkt angelangt ist, so die Expertin für Lebensfreude, wird feststellen, dass genau das Spiritualität ausmacht. Alles andere sind mögliche Hilfsmittel auf unserer Reise zu uns selbst.

Die Intuitionstrainerin und begeisterte Vortragsrednerin freut sich über jeden Menschen, der sich selbst näherkommt und dabei glücklicher wird. Denn es kann, wie sie sagt, »gar nicht zu viele glückliche Menschen auf diesem Planeten geben!« Menschen dabei einen Weg weisen zu können, erfüllt sie mit großer Freude. Man kann Silvia Maria Engl persönlich auf Messen, Workshops, Seminaren und auch im Internet bei Webinaren (Onlineseminaren) begegnen, die sie zum Teil kostenfrei für alle anbietet. Näheres zu ihr und ihren Angeboten unter:

www.silvia-maria-engl.com

Literaturangaben

Betz, Robert: »Willst du normal sein oder glücklich?«, Heyne 2011.

Engl, Silvia Maria: »Frag dich frei«, Schirner Verlag, voraussichtlicher Erscheinungstermin: April 2016.

Engl, Silvia Maria: »Meine 26 Egos und ich. Ein Wegweiser zu mehr Lebensfreude und Selbstverwirklichung«, Schirner Verlag 2014.

Engl, Silvia Maria: »Schluss mit den Zweifeln! Mit deinem Wahrheitspunkt einfach klare Antworten finden«, Schirner Verlag 2015.

Engl, Silvia Maria: »Verändere dein Leben«, Schirner Verlag, voraussichtlicher Erscheinungstermin: Mai 2016.

Szielinski, Sonja: »The Goddess Attitude – Die Haltung einer Göttin«, Schirner Verlag 2014.

Bildnachweis

Bilder von der Bilddatenbank www.shutterstock.com:

Ornament Ranke: #43661614 © EVA105

S. 8: #277374296 © ArtFamily, S. 13: #11910658 © Diego Cervo, S. 19: #213362932 © Carlos Caetano, S. 22: #280720676 © chaiyapruek youprasert, S. 26: #179113403 © SunCity, S. 31: #281519807 © CaseyMartin, S. 34: #115758664 © CandyBox Images, S. 38: #64285729 © Andrey Burmakin, S. 43: #303183014 © Ana Ndongo, S. 46: #340797566 © Eugenia Kats, S. 50: #225940096 © Vera Petruk, S. 55: #513721 © Craig Wactor, S. 59: #54007741 © James Steidl, S. 63: #189104942 © Andrey Burmakin, S. 67: #349706588 © Elena Schweitzer, S. 70: #300164630 © CHOATphotographer, S. 74: #151048112 © Ruth Black, S. 78: #351282302 © Wara1982, S. 84: #333005096 © PathDoc

Ebenfalls von der
Autoren erschienen im  Schirner
Verlag

Einsam war gestern
Impulse für deine Rückkehr
in die Gemeinsamkeit

96 Seiten
ISBN 978-3-8434-5130-7

Du weißt es doch schon!
Intuition – Über den Verstand hinaus
Mit praktischen Übungen für jeden Tag

96 Seiten
ISBN 978-3-8434-5113-0

Mein spirituelles Ego und ich
Hältst du dich für spirituell
oder bist du es schon?
Ein Aufrüttelbuch

160 Seiten
ISBN 978-3-8434-1210-0

Meine 26 Egos und ich
Ein Wegweiser zu mehr Lebensfreude
und Selbstverwirklichung

304 Seiten
ISBN 978-3-8434-1161-5

Meine 26 Egos und ich
Bewusstwerdung · Übungen ·
Geführte Meditationen

Digipak, ca. 47 Min.
ISBN 978-3-8434-8306-3

Schluss mit den Zweifeln!
Mit deinem Wahrheitspunkt einfach
klare Antworten finden

96 Seiten
ISBN 978-3-8434-5119-2

Schluss mit den Zweifeln!
Entdecke deinen Wahrheitspunkt
und deine Intuition
Geführte Übungen und Meditationen

Digipak, ca. 48 Min.
ISBN 978-3-8434-8313-1